Publications des « TEMPS NOUVEAUX » — N° 65

Pierre KROPOTKINE

LA LOI ET L'AUTORITÉ

Prix : 10 centimes

Aux Bureaux des « TEMPS NOUVEAUX », 4, rue Broca, Paris

Groupe de Propagande par la Brochure

La propagande par la Brochure est une des meilleures propagandes si on peut la faire avec suite.

Le Révolté, *La Révolte*, *Les Temps Nouveaux* s'y sont employés de leur mieux. A l'heure actuelle, plus de 60 brochures diverses, dont les différents tirages réunis, dépassent un million d'exemplaires, ont été lancées par eux.

Malheureusement, les fonds manquent pour pouvoir en imprimer plus souvent de nouvelles, ou réimprimer, lorsque c'est nécessaire, celles qui sont épuisées.

Il s'agit donc de trouver **500** souscripteurs s'engageant à verser chacun **12** fr. par an. Nous serions alors en mesure d'imprimer chaque mois — ou de réimprimer parmi celles épuisées — une nouvelle brochure de **0** fr. **10** ou deux de **0** fr. **05**.

Par contre, voici les avantages que nous offrons aux souscripteurs :

1° A chaque tirage, il leur sera expédié autant d'exemplaires que le comportera le montant de leur souscription calculé avec une remise de 40 0/0, frais d'envoi déduits

Ce qui leur permettra de s'employer à la propagande, en faisant circuler les brochures parmi ceux qu'ils connaissent, soit en les distribuant eux-mêmes, soit par la poste lorsqu'ils ne voudront pas faire savoir qu'ils s'intéressent à la propagande;

2° A chaque souscripteur qui sera libéré de sa souscription, il sera envoyé une lithographie spécialement tirée pour les souscripteurs.

Cette lithographie qui sera demandée à l'un des artistes qui ont déjà donné au journal, ne sera pas mise en vente et vaudra à elle seule, largement, le prix de souscription ;

3° A ceux qui souscriront **15** francs par an, il sera expédié un nombre de brochures dont le montant égalera celui de la souscription, calculé, toujours avec une remise de 40 0[0, plus une eau-forte qui, elle aussi, sera tirée spécialement pour eux, et non mise dans le commerce.

Ceux qui savent le prix d'une eau-forte artistique apprécieront le cadeau que nous leur offrons ;

4° A ceux qui souscriront au-dessus de **15** francs, il sera fait cadeau de la lithographie et de l'eau-forte.

Au camarade qui nous trouvera **10** souscripteurs, il sera fait cadeau de la lithographie. — Celui qui en trouvera **20**, recevra l'eau-forte.

Les souscriptions peuvent être versées par fractions mensuelles ou trimestrielles, etc., au gré des souscripteurs.

A ceux qui s'engageront mensuellement et qui ne se libéreraient pas de leur promesse, il sera, à la fin du trimestre, adressé un remboursement pour les 3 mois.

Adresser les souscriptions au camarade Ch. BENOIT,
3, rue Bérite, PARIS.

N.-B. — En discutant avec des camarades, il est facile de leur glisser une brochure, et de leur arracher deux sous. Les souscripteurs pourront ainsi récupérer le montant de leur souscription, et augmenter leur propagande.

Brochures à l'étude : *Le Militarisme* de D. Neuwenhuis. — *Origines et morale du Christianisme*, de Letourneau. — *La République des financiers*, de Delain. — *L'Anarchie et l'Eglise*, de Reclus. — *L'Anarchie dans l'évolution socialiste*, de Kropotkine. — *La libre initiative*, de Kropotkine. — *La Morale anarchiste*, de Kropotkine, etc., etc.

Publications des « TEMPS NOUVEAUX » — N° 65

PIERRE KROPOTKINE

LA LOI ET L'AUTORITÉ

Prix : 0 fr. 10

7e Tirage, 10,000 Exemplaires

PARIS
LES TEMPS NOUVEAUX
4, Rue Broca, 4

1913

Brochure publiée en 6ᵉ édition, en 1892, à sept mille exemplaires, conformément au désir de notre camarade Lucien Massé, coiffeur à Ars en Ré, qui, en mourant, avait légué à la RÉVOLTE la somme nécessaire à cette publication.

LA LOI & L'AUTORITÉ

I

« Quand l'ignorance est au sein des sociétés et le désordre dans les esprits, les lois deviennent nombreuses. Les hommes attendent tout de la législation, et chaque loi nouvelle étant un nouveau mécompte, *ils sont portés à lui demander sans cesse ce qui ne peut venir que d'eux-mêmes*, de *leur* éducation, de l'état de *leurs* mœurs. » — Ce n'est pourtant pas un révolutionnaire qui dit cela, pas même un réformateur. C'est un jurisconsulte, Dalloz, l'auteur du recueil des lois françaises, connu sous le nom de *Répertoire de la Législation*. Et cependant ces lignes, quoique écrites par un homme qui était lui-même un législateur et un admirateur des lois, représentent parfaitement l'état anormal de nos sociétés.

Dans les Etats actuels une loi nouvelle est considérée comme un remède à tous les maux. Au lieu de changer soi-même ce qui est mauvais, on commence par demander une loi qui le change. La route entre deux villages est-elle impraticable, le paysan dit qu'il faudrait une loi sur les routes vicinales. Le garde-champêtre a-t-il insulté quelqu'un, en profitant de la platitude de ceux qui l'entourent de leur respect : — « Il faudrait une loi, dit l'insulté, qui prescrivît aux gardes-champêtres d'être un peu plus polis. » Le commerce, l'agriculture ne marchent pas ? — « C'est une loi protectrice qu'il nous faut ! » Ainsi raisonnent le laboureur, l'éleveur de bétail, le spéculateur en blés, il n'y a pas jusqu'au revendeur de loques qui ne demande une loi pour son petit commerce. Le patron baisse-t-il les salaires ou augmente-t-il la journée de travail : — « Il faut une loi qui mette ordre à cela ! » — s'écrient les députés en herbe, au lieu de dire aux ouvriers qu'il y a un autre moyen, bien plus efficace « de mettre ordre à cela » : reprendre au patron ce dont il a dépouillé des générations d'ouvriers. Bref, partout une loi ! une loi sur les routes, une loi sur les modes, une loi sur les chiens enragés, une loi sur la vertu, une loi pour opposer une digue à tous les vices, à tous les maux qui ne sont que le résultat de l'indolence et de la lâcheté humaines.

Nous sommes tous tellement pervertis par une éducation qui dès le bas-âge cherche à tuer en nous l'esprit de révolte et développe celui de soumission à l'autorité; nous sommes tellement pervertis par cette existence sous la férule de la loi qui réglemente tout : notre naissance, notre éducation, notre développement, notre amour, nos amitiés, que, si cela continue, nous perdrons toute initiative, toute habitude de raisonner par nous-mêmes. Nos sociétés semblent ne plus comprendre que l'on puisse vivre autrement que sous le régime de la loi, élaborée par un gouvernement représentatif et appliquée par une poignée de gouvernants; et lors même qu'elles parviennent à s'émanciper de ce joug, leur premier soin est de le reconstituer immédiatement. « L'an I de la Liberté » n'a jamais duré plus d'un jour, car après l'avoir proclamé, le lendemain même on se remettait sous le joug de la Loi, de l'Autorité.

***

En effet, voilà des milliers d'années que ceux qui nous gouvernent ne font que répéter sur tous les tons : Respect à la loi, obéissance à l'autorité ! Le père et la mère élèvent les enfants dans ce sentiment. L'école les raffermit, elle en prouve la nécessité en inculquant aux enfants des bribes de fausse science, habilement assorties : de l'obéissance à la loi elle fait un culte ; elle marie le dieu et la loi des maîtres en une seule et même divinité. Le héros de l'histoire qu'elle a fabriquée, c'est celui qui obéit à la loi, qui la protège contre les révoltés.

Plus tard, lorsque l'enfant entre dans la vie publique, la société et la littérature, frappant chaque jour, à chaque instant, comme la goutte d'eau creusant la pierre, continuent à nous inculquer le même préjugé. Les livres d'histoire, de science politique, d'économie sociale regorgent de ce respect à la loi : on a même mis les sciences physiques à contribution et, en introduisant dans ces sciences d'observation un langage faux, emprunté à la théologie et à l'autoritarisme, on parvient habilement à nous brouiller l'intelligence, toujours pour maintenir le respect de la loi. Le journal fait la même besogne ; il n'y a pas d'article dans les journaux qui ne prêche l'obéissance à la loi, lors même qu'à la troisième page, ils constatent chaque jour l'imbécillité de la loi et montrent comment elle est traînée dans toutes les boues, dans toutes les fanges par ceux qui sont préposés à son maintien. Le servilisme devant la loi est devenu une vertu et je doute même qu'il y ait eu un seul révolutionnaire qui n'ait débuté dans son jeune âge par être défenseur de la loi contre ce qu'on nomme généralement les *abus*, conséquence inévitable de la loi même.

L'art fait chorus avec la soi-disant science. Le héros du sculpteur, du peintre et du musicien couvre la Loi de son bouclier et, les yeux enflammés et les narines ouvertes, il est prêt à frapper de son glaive quiconque oserait y toucher. On lui élève des temples, on lui nomme des grands prêtres, auxquels les révolutionnaires hésitent de toucher, et si la Révolution elle-même vient balayer une ancienne institution, c'est encore par une loi qu'elle essaie de consacrer son œuvre.

Ce ramassis de règles de conduite, que nous ont légué l'esclavage, le servage, le féodalisme, la royauté et qu'on appelle Loi, a remplacé ces monstres de pierre devant lesquels on immolait les victimes humaines, et que n'osait même effleurer l'homme asservi, de peur d'être tué par les foudres du ciel.

***

C'est depuis l'avènement de la bourgeoisie, — depuis la grande révolution française, — qu'on a surtout réussi à établir ce culte. Sous l'ancien régime, lorsqu'on était tenu d'obéir au bon plaisir du roi et de ses valets, on parlait peu de lois, si ce n'est avec Montesquieu, Rousseau, Voltaire, pour les opposer au caprice royal. Mais pendant et après la révolution, les avocats, arrivés au pouvoir, ont fait de leur mieux pour affermir ce principe, sur lequel ils devaient établir leur règne. La bourgeoisie l'accepta d'emblée comme son ancre de salut, pour mettre une digue au torrent populaire. La prêtraille s'empressa de la sanctifier, pour sauver sa barque qui sombrait dans les vagues du torrent. Le peuple enfin l'accepta comme un progrès sur l'arbitraire et la violence du passé.

Il faut se transporter en imagination au XVIIIe siècle pour le comprendre. Il faut avoir saigné le sang de son cœur au récit des atrocités qui se commettaient à cette époque par les nobles tout-puissants sur les hommes et les femmes du peuple, pour comprendre quelle influence magique ces mots : « Égalité devant la loi, obéissance à la loi, sans distinction de naissance ou de fortune » devaient exercer, il y a un siècle, sur l'esprit du manant. Lui, qu'on avait traité jusqu'alors plus cruellement qu'un animal, lui qui n'avait jamais eu aucun droit et n'avait jamais obtenu la justice contre les actes les plus révoltants du noble, à moins de se venger en le tuant et en se faisant pendre, — il se voyait reconnu par cette maxime, du moins en théorie, du moins quant à ses droits personnels, l'égal de son seigneur. Quelle que fût cette loi, elle promettait d'atteindre également le seigneur et le manant, elle proclamait l'égalité, devant le juge, du pauvre et du riche.

Cette promesse était un mensonge, nous le savons aujourd'hui ; mais à cette époque, elle était un progrès, un hommage rendu à la justice, comme « l'hypocrisie est un hommage rendu à la vérité. » C'est pourquoi, lorsque les sauveurs de la bourgeoisie menacée, les Robespierre et les Danton, se basant sur les écrits des philosophes de la bourgeoisie, les Rousseau et les Voltaire, proclamèrent « le respect de la loi égal pour tous » — le peuple, dont l'élan révolutionnaire s'épuisait déjà en face d'un ennemi de plus en plus solidement organisé, accepta le compromis. Il plia le cou sous le joug de la Loi, pour se sauver de l'arbitraire du seigneur.

Depuis, la bourgeoisie n'a cessé d'exploiter cette maxime qui, avec cet autre principe, le gouvernement représentatif, résume la philosophie du siècle de la bourgeoisie, le dix-neuvième siècle. Elle l'a prêché dans les écoles, elle l'a propagé dans ses écrits, elle a créé sa science et ses arts avec cet objectif, elle l'a fourré partout, comme la dévote anglaise qui vous glisse sous la porte ses bouquins religieux. Et elle a si bien fait, qu'aujourd'hui nous voyons se produire ce fait exécrable : au jour même du réveil de l'esprit frondeur, les hommes, voulant être libres, commencent par demander à leurs maîtres, de vouloir bien les protéger en modifiant les lois créées par ces mêmes maîtres.

— Mais les temps et les esprits ont cependant changé depuis un siècle. On trouve partout des révoltés qui ne veulent plus obéir à la loi, sans savoir d'où elle vient, quelle en est l'utilité, d'où vient l'obligation de lui obéir et le respect dont on l'entoure. La révolution qui s'approche est une *révolution* et non une simple émeute, par cela même que les révoltés de nos jours soumettent à leur critique toutes les bases de la société, vénérées jusqu'à présent, et avant tout, ce fétiche, — la Loi.

Ils analysent son origine et ils y trouvent, soit un dieu, — produit des terreurs du sauvage, stupide, mesquin et méchant comme les prêtres qui se réclament de son origine surnaturelle, — soit le sang, la conquête par le fer et le feu. Ils étudient son caractère et ils y trouvent pour trait distinctif l'immobilité, remplaçant le développement continu de l'humanité, la tendance à immobiliser ce qui devrait se développer et se modifier chaque jour. Ils demandent comment la loi se maintient, et ils voient les atrocités du byzantinisme et les cruautés de l'inquisition, les tortures du moyen-âge, les chairs vivantes coupées en lanières par le fouet du bourreau, les chaînes, la massue, la hache au service de la loi ; les sombres souterrains des prisons, les souffrances, les pleurs et les malédictions. Aujourd'hui — toujours la hache, la corde, le chassepot, et les prisons ; d'une part, l'abrutissement du prisonnier, réduit à l'état de bête en cage, l'avilissement de son être moral, et, d'autre part, le juge dépouillé de tous les sentiments qui font la meilleure partie de la nature humaine, vivant comme un visionnaire dans un monde de fictions juridiques, appliquant avec volupté la guillotine, sanglante ou sèche, sans que lui, ce fou froidement méchant, se doute seulement de l'abîme de dégradation dans lequel il est tombé vis-à-vis de ceux qu'il condamne.

Nous voyons une race de faiseurs de lois légiférant sans savoir sur quoi ils légifèrent, votant aujourd'hui une loi sur l'assainissement des villes, sans avoir la moindre notion d'hygiène, demain, réglementant l'armement des troupes, sans même connaître un fusil, faisant des lois sur l'enseignement et l'éducation sans avoir jamais su donner un enseignement quelconque ou une éducation honnête à leurs enfants, légiférant à tort et à travers, mais n'oubliant jamais l'amende qui frappera le va-nu-pieds, la prison et les galères qui frapperont des hommes mille fois moins immoraux qu'ils ne le sont eux-mêmes, ces législateurs ! — Nous voyons enfin le geôlier qui marche vers la perte de tout sentiment humain, le gendarme dressé en chien de piste, le mouchard se méprisant lui-même, la délation transformée en vertu, la corruption érigée en système; tous les vices, tous les mauvais côtés de la nature humaine, favorisés, cultivés pour le triomphe de la Loi.

Nous voyons cela, et c'est pour cela qu'au lieu de répéter niaisement la vieille formule : « Respect à la loi ! » nous crions : « Mépris de la loi et de ses attributs ! » Ce mot lâche : « Obéissance à la loi ! » nous le remplaçons par : « Révolte contre toutes les lois ! » Que l'on compare seulement les méfaits accomplis au nom de chaque loi, avec ce qu'elle a pu produire de bon, qu'on pèse le bien et le mal, — et l'on verra si nous avons raison.

II

La loi est un produit relativement moderne; car l'humanité a vécu des siècles et des siècles sans avoir aucune loi écrite, ni même simplement gravée en symboles, sur des pierres, à l'entrée des temples. A cette époque, les relations des hommes entre eux étaient réglées par de simples coutumes, par des habitudes, des usages, que la constante répétition rendait vénérables et que chacun acquérait dès son enfance, comme il apprenait à se procurer sa nourriture par la chasse, l'élevage des bestiaux ou l'agriculture.

Toutes les sociétés humaines ont passé par cette phase primitive, et jusqu'à présent encore une grande partie de l'humanité n'a point de lois écrites. Les peuplades ont des mœurs, des coutumes, — un « droit coutumier », comme disent les juristes, — elles ont des habitudes sociables, et cela suffit pour maintenir les bons rapports entre les membres du village, de la tribu, de la communauté. Même chez nous, civilisés, lorsque, sortant de nos grandes villes, nous allons dans les campagnes, nous y voyons encore que les relations mutuelles des habitants sont réglées, non d'après la loi écrite des législateurs, mais d'après les coutumes anciennes, généralement acceptées. Les paysans de la Russie, de l'Italie, de l'Espagne, et même d'une bonne partie de la France et de l'Angleterre, n'ont aucune idée de la loi écrite. Celle-ci vient s'immiscer dans leur vie seulement pour régler leurs rapports avec l'Etat; quant aux rapports entre eux, quelquefois très compliqués, ils les règlent simplement d'après les anciennes coutumes. Autrefois, c'était le cas pour toute l'humanité.

***

Lorsqu'on analyse les coutumes des peuples primitifs, on y remarque deux courants bien distincts.

Puisque l'homme ne vit pas solitaire, il s'élabore en lui des sentiments, des habitudes utiles à la conservation de la société et à la propagation de la race. Sans les sentiments sociables, sans les pratiques de solidarité, la vie en commun eût été absolument impossible. Ce n'est pas la loi qui les établit, ils sont antérieurs à toutes lois. Ce n'est pas non plus la religion qui les prescrit, ils sont antérieurs à toute religion, ils se retrouvent chez tous les animaux qui vivent en société. Ils se développent d'eux-mêmes, par la force même des choses, comme ces habitudes que l'homme a nommé instincts chez les animaux : ils proviennent d'une évolution utile, nécessaire même pour maintenir la société dans la lutte pour l'existence qu'elle doit soutenir. Les sauvages finissent par ne plus se manger entre eux, parce qu'ils trouvent qu'il est beaucoup plus avantageux de s'adonner à une culture quelconque, au lieu de se procurer une fois par an le plaisir de se nourrir de la chair d'un vieux parent. Au sein des tribus absolument indépendantes et ne connaissant ni lois, ni chefs, dont maint voyageur nous a dépeint les mœurs, les membres d'une même tribu cessent de se donner des coups de couteau à chaque dispute, parce que l'habitude de vivre en société a fini par développer en eux un certain sentiment de fraternité et de solidarité; ils préfèrent s'adresser à des tiers pour vider leurs différends. L'hospitalité des peuples primitifs, le respect de la vie humaine, le sentiment de réciprocité, la compassion pour les faibles, la bravoure, jusqu'au sacrifice de soi-même dans l'intérêt d'autrui, que l'on apprend d'abord à pratiquer envers les enfants et les amis, et plus tard à l'égard des membres de la communauté, — toutes ces qualités se développent chez l'homme antérieurement aux lois, indépendamment de toute religion, comme chez tous les animaux sociables. Ces sentiments et ces pratiques sont le résultat inévitable de la vie en société. Sans être inhérentes à l'homme (ainsi que disent les prêtres et les métaphysiciens), ces qualités sont la conséquence de la vie en commun.

***

Mais, à côté de ces coutumes, nécessaires pour la vie des sociétés et pour la conservation de la race, il se produit, dans les associations humaines, d'autres désirs, d'autres passions, et partant, d'autres habitudes, d'autres coutumes. Le désir de dominer les autres et de leur imposer sa volonté; le désir de s'emparer des produits du travail d'une tribu voisine: le désir de subjuguer d'autres hommes, afin de s'entourer de jouissances sans rien produire soi-même, tandis que des esclaves produisent le nécessaire et procurent à leur maître tous les plaisirs et toutes les voluptés, — ces désirs personnels, égoïstes, produisent un autre courant d'habitudes et de coutumes. Le prêtre, d'une part, ce charlatan qui exploite la superstition et qui, après s'être affranchi lui-même de la peur du diable, la propage parmi les autres; le guerrier, d'autre part, ce rodomont qui pousse à l'invasion et au pillage du voisin pour en revenir chargé de butin et suivi d'esclaves, — tous deux, la main dans la main, parviennent à imposer aux sociétés primitives des coutumes avantageuses pour eux, et qui tendent à perpétuer leur domination sur les masses. Profitant de l'indolence, de la peur, de l'inertie des foules, et grâce à la répétition constante des mêmes actes, ils arrivent à établir en permanence des coutumes qui deviennent le point d'appui de leur domination.

Pour cela, ils exploitent d'abord l'esprit de routine qui est si développé chez l'homme et qui atteint un degré si frappant chez les enfants, les peuples sauvages, aussi bien que chez les animaux. L'homme, surtout lorsqu'il est superstitieux, a toujours peur de changer quoi que ce soit à ce qui existe; généralement il vénère ce qui est antique. — « Nos pères ont fait ainsi; ils ont vécu tant bien que mal, ils vous ont élevé, ils n'ont pas été malheureux, faites de même ! » — disent les vieillards aux jeunes gens, dès que ceux-ci veulent changer quelque chose. L'inconnu les effraie, ils préfèrent se cramponner au passé, lors même que ce passé représente la misère, l'oppression, l'esclavage. On peut même dire que plus l'homme est malheureux, plus il craint de changer quoi que ce soit, de peur de devenir encore plus malheureux; il faut qu'un rayon d'espoir et quelque peu de bien-être pénètrent dans sa triste cabane, pour qu'il commence à vouloir mieux, à critiquer son ancienne manière de vivre, à désirer un changement. Tant que cet espoir ne l'a pas pénétré, tant qu'il ne s'est pas affranchi de la tutelle de ceux qui utilisent ses superstitions et ses craintes, il préfère rester dans la même situation. Si les jeunes veulent changer quelque chose, les vieux poussent un cri d'alarme contre les novateurs ; tel sauvage se ferait plutôt tuer que de transgresser la coutume de son pays, car dès son enfance on lui a dit que la moindre infraction aux coutumes établies lui porterait malheur, causerait la ruine de toute la tribu. Et aujourd'hui encore, combien de politiciens, d'économistes et de soi-disant révolutionnaires agissent sous la même impression, en se cramponnant à un passé qui s'en va ! Combien n'ont d'autre souci que de chercher des précédents ! Combien de fougueux novateurs sont les simples copistes des révolutions antérieures !

Cet esprit de routine qui puise son origine dans la superstition, dans l'indolence et dans la lâcheté, fit de tout temps la force des oppresseurs ; dans les sociétés humaines primitives, il fut habilement exploité par les prêtres et les chefs militaires, perpétuant les coutumes avantageuses pour eux seuls, qu'ils réussissent à imposer aux tribus.

***

Tant que cet esprit de conservation, habilement exploité, suffisait pour assurer l'empiètement des chefs sur la liberté des individus ; tant que les seules inégalités entre les hommes étaient les inégalités naturelles et qu'elles n'étaient pas encore décuplées et centuplées par la concentration du pouvoir et des richesses, il n'y avait encore aucun besoin de la loi et de l'appareil formidable des tribunaux et des peines toujours croissantes pour l'imposer.

Mais lorsque la société eut commencé à se scinder de plus en plus en deux classes hostiles, — l'une qui cherche à établir sa domination et l'autre qui s'efforce à s'y soustraire, la lutte s'engagea. Le vainqueur d'aujourd'hui s'empresse d'immobiliser le fait accompli, il cherche à le rendre indiscutable, à le transformer en institution sainte et vénérable, par tout ce que les vaincus peuvent respecter. La loi fait son apparition, sanctionnée par le prêtre et ayant à son service la massue du guerrier. Elle travaille à immobiliser les coutumes avantageuses à la minorité dominatrice, et l'Autorité militaire se charge de lui assurer l'obéissance. Le guerrier trouve en même temps dans cette nouvelle fonction un nouvel instrument pour assurer son pouvoir ; il n'a plus à son service une simple force brutale : il est le défenseur de la Loi.

***

Mais, si la Loi ne présentait qu'un assemblage de prescriptions avantageuses aux seuls dominateurs, elle aurait de la peine à se faire accepter, à se faire obéir. Eh bien, le législateur confond dans un seul et même code les deux courants de coutumes dont nous venons de parler : les maximes qui représentent les principes de moralité et de solidarité élaborés par la vie en commun, et les ordres qui doivent à jamais consacrer l'inégalité. Les coutumes qui sont absolument nécessaires à l'existence même de la société, sont habilement mêlées dans le Code aux pratiques imposées par les dominateurs, et prétendent au même respect de la foule. — « Ne tue pas ! » dit le Code et « Paye la dîme au prêtre ! » s'empresse-t-il d'ajouter. « Ne vole pas ! » dit le Code et aussitôt après : « Celui qui ne paiera pas l'impôt aura le bras coupé ! »

Voilà la Loi, et ce double caractère, elle l'a conservé jusqu'aujourd'hui. Son origine, — c'est le désir des dominateurs d'immobiliser les coutumes qu'ils avaient imposées à leur avantage. Son caractère, c'est le mélange habile des coutumes utiles à la société, — coutumes qui n'ont pas besoin de lois pour être respectées, — avec ces autres coutumes qui ne présentent d'avantages que pour les dominateurs, qui sont nuisibles aux masses et ne sont maintenues que par la crainte des supplices.

Pas plus que le capital individuel, né de la fraude et de la violence et développé sous l'auspice de l'autorité, la Loi n'a donc aucun titre au respect des hommes. Née de la violence et de la superstition, établie dans l'intérêt du prêtre, du conquérant et du riche exploiteur, elle devra être abolie en entier le jour où le peuple voudra briser ses chaînes.

Nous nous en convaincrons encore mieux, en analysant dans le chapitre suivant le développement ultérieur de la Loi sous les auspices de la religion, de l'autorité et du régime parlementaire actuel.

III

Nous avons vu comment la Loi est née des coutumes et des usages établis, et comment elle représentait dès le début un mélange habile de coutumes sociables, nécessaires à la préservation de la race humaine, avec d'autres coutumes, imposées par ceux qui profitaient des superstitions populaires pour consolider leur droit du plus fort. Ce double caractère de la Loi détermine son développement ultérieur chez les peuples de plus en plus policés. Mais, tandis que le noyau de coutumes sociables inscrites dans la Loi ne subit qu'une modification très faible et très lente dans le cours des siècles, — c'est l'autre partie des lois qui se développe, tout à l'avantage des classes dominantes, tout au détriment des classes opprimées. C'est à peine si, de temps en temps, les classes dominantes se laissent arracher une loi quelconque qui représente, ou semble représenter, une certaine garantie pour les déshérités. Mais alors cette loi ne fait qu'abroger une loi précédente, faite à l'avantage des classes dominatrices. — « Les meilleures lois », disait Buckle, « furent celles qui abrogèrent des lois précédentes ». Mais, quels efforts terribles n'a-t-il pas fallu dépenser, quels flots de sang n'a-t-il pas fallu verser chaque fois qu'il s'agissait d'abroger une de ces institutions qui servent à tenir le peuple dans les fers ! Pour abolir les derniers vestiges du servage et les droits féodaux et pour briser la puissance de la camarilla royale, il a fallu que la France passât par quatre ans de révolution et par vingt ans de guerres. Pour abroger la moindre des lois iniques qui nous sont léguées par le passé, il faut des dizaines d'années de lutte, et pour la plupart elles ne disparaissent que dans les périodes révolutionnaires.

***

Les socialistes ont déjà fait maintes fois l'histoire de la genèse du Capital. Ils ont raconté comment il est né des guerres et du butin, de l'esclavage, du servage, de la fraude et de l'exploitation moderne. Ils ont montré comment il s'est nourri du sang de l'ouvrier et comment peu à peu il a conquis le monde entier. Ils ont encore à faire la même histoire, concernant la genèse et le développement de la Loi. Heureusement, l'esprit populaire, prenant, comme toujours, les devants sur les hommes de cabinet, fait déjà la philosophie de cette histoire et il en plante les jalons essentiels.

Faite pour garantir les fruits du pillage, de l'accaparement et de l'exploitation, la Loi a suivi les mêmes phases de développement que le Capital : frère et sœur jumeaux, ils ont marché la main dans la main, se nourrissant l'un et l'autre des souffrances et des misères de l'humanité. Leur histoire a été presque la même dans tous les pays d'Europe. Ce ne sont que les détails qui diffèrent : le fond reste le même ; et, jeter un coup d'œil sur le développement de la Loi en France, ou en Allemagne, c'est connaître dans ses traits essentiels ses phases de développement dans la plupart des nations européennes.

A ses origines, la Loi était le pacte ou contrat national. Au Champ de Mai, les légions et le peuple agréaient le contrat ; le Champ de Mai des Communes primitives de la Suisse est encore un souvenir de cette époque, malgré toute l'altération qu'il a subie par l'immixtion de la civilisation bourgeoise et centralisatrice. Certes, ce contrat n'était pas toujours librement consenti ; le fort et le riche imposaient déjà leur volonté à cette époque. Mais du moins, ils rencontraient un obstacle à leurs tentatives d'envahissement dans la masse populaire qui souvent leur faisait sentir aussi sa force.

Mais, à mesure que l'Eglise d'une part et le seigneur de l'autre réussissent à asservir le peuple, le droit de légiférer échappe des mains de la nation pour passer aux privilégiés. L'Eglise étend ses pouvoirs. Soutenue par les richesses qui s'accumulent dans ses coffres, elle se mêle de plus en plus dans la vie privée et, sous prétexte de sauver les âmes, elle s'empare du travail de ses serfs, elle prélève l'impôt sur toutes les classes, elle étend sa juridiction ; elle multiplie les délits et les peines et s'enrichit en proportion des délits commis, puisque c'est dans ses coffres-forts que s'écoule le produit des amendes. Les lois n'ont plus trait aux intérêts nationaux : « on les croirait plutôt émanées d'un Concile de fanatiques religieux que de législateurs », — observe un historien du droit français.

En même temps, à mesure que le seigneur, de son côté, étend ses pouvoirs sur les laboureurs des champs et les artisans des villes, c'est lui qui devient aussi juge et législateur. Au dixième siècle, s'il existe des monuments de droit public, ce ne sont que des traités qui règlent les obligations, les corvées et les tributs des serfs et des vassaux du seigneur. Les législateurs à cette époque, c'est une poignée de brigands, se multipliant et s'organisant pour le brigandage qu'ils exercent contre un peuple devenu de plus en plus pacifique à mesure qu'il se livre à l'agriculture. Ils exploitent à leur avantage le sentiment de justice inhérent aux peuples; ils posent en justiciers, se font de l'application même des principes de justice une source de revenus, et fomentent les lois qui serviront à maintenir leur domination.

Plus tard ces lois rassemblées par les légistes et classifiées, servent de fondement à nos codes modernes. Et on parlera encore de respecter ces codes, — héritage du prêtre et du baron !

***

La première révolution, la révolution des Communes, ne réussit à abolir qu'une partie de ces lois; car les chartes des communes affranchies ne sont pour la plupart qu'un compromis entre la législation seigneuriale ou épiscopale et les nouvelles relations, créées au sein de la Commune libre. Et cependant, quelle différence entre ces lois et nos lois actuelles ! La Commune ne se permet pas d'emprisonner et de guillotiner les citoyens pour une raison d'Etat : elle se borne à expulser celui qui a comploté avec les ennemis de la Commune, et à raser sa maison. Pour la plupart des soi-disant « crimes et délits », elle se borne à imposer des amendes; on voit même, dans les Communes du douzième siècle, ce principe si juste, mais oublié aujourd'hui, que c'est toute la Commune qui répond pour les méfaits commis par chacun de ses membres. Les sociétés d'alors, considérant le crime comme un accident, ou comme un malheur (c'est encore jusqu'à présent la conception du paysan russe) et n'admettant pas le principe de vengeance personnelle, prêché par la Bible, comprenaient que la faute pour chaque méfait retombe sur la société entière. Il a fallu toute l'influence de l'Eglise byzantine, qui importait en Occident la cruauté raffinée des despotes de l'Orient, pour introduire dans les mœurs des Gaulois et des Germains la peine de mort et les supplices horribles qu'on infligea plus tard à ceux qu'on considérait comme criminels; il a fallu toute l'influence du code civil romain, — produit de la pourriture de la Rome impériale, — pour introduire ces notions de propriété foncière illimitée qui vinrent renverser les coutumes communalistes des peuples primitifs.

On sait que les Communes libres n'ont pu se maintenir : elles devinrent la proie de la royauté. Et à mesure que la royauté acquérait une force nouvelle, le droit de législation passait de plus en plus dans les mains d'une coterie de courtisans. L'appel à la nation n'est fait que pour sanctionner les impôts demandés par le roi. Des parlements, appelés à deux siècles d'intervalle, selon le bon plaisir et les caprices de la Cour, des « Conseils extraordinaires », des « séances de notables » où les ministres écoutent à peine les « doléances » des sujets du roi, — voilà les législateurs. — Et plus tard encore, lorsque tous les pouvoirs sont concentrés dans une seule personne qui dit : « l'Etat, c'est Moi », c'est « dans le secret des Conseils du prince », selon la fantaisie d'un ministre ou d'un roi imbécile, que se fabriquent les édits, auxquels les sujets sont tenus d'obéir sous peine de mort. Toutes les garanties judiciaires sont abolies; la nation est serve du pouvoir royal et d'une poignée de courtisans; les peines les plus terribles : la roue, le bûcher, l'écorchement, les tortures de tout genre, — produit de la fantaisie malade de moines et de fous enragés qui cherchent leurs délices dans les souffrances des suppliciés, — voilà les progrès qui font leur apparition à cette époque.

***

C'est à la grande révolution que revient l'honneur d'avoir commencé la démolition de cet échafaudage de lois qui nous a été légué par la féodalité et la royauté. Mais, après avoir démoli quelques parties du vieil édifice, la Révolution remit le pouvoir de légiférer entre les mains de la bourgeoisie qui, à son tour, commença à élever tout un nouvel échafaudage de lois destinées à maintenir et à perpétuer sa domination sur les masses. Dans ses parlements, elle légifère à perte de vue, et des montagnes de paperasses s'accumulent avec une rapidité effroyable. Mais que sont au fond toutes ces lois ? La plus grande partie n'a qu'un but : celui de protéger la propriété individuelle, c'est-à-dire, les richesses acquises au moyen de l'exploitation de l'homme par l'homme, d'ouvrir de nouveaux champs d'exploitation au capital, de sanctionner les nouvelles formes que l'exploitation revêt sans cesse à mesure que le Capital accapare de nouvelles branches de la vie humaine : chemins de fer, télégraphes, lumière électrique, industrie chimique, expression de la pensée humaine par la littérature et la science, etc., etc. Le reste des lois, au fond, a toujours le même but, c'est-à-dire le maintien de la machine gouvernementale qui sert à assurer au Capital l'exploitation et l'accaparement des richesses produites. Magistrature, police, armée, instruction publique, finances, tout sert le même dieu : le Capital ; tout cela n'a qu'un but : celui de protéger et de faciliter l'exploitation du travailleur par le capitaliste. Analysez toutes les lois faites depuis cent ans, vous n'y trouverez pas autre chose. La protection des personnes, que l'on veut représenter comme la vraie mission de la Loi, n'y occupe qu'une place presque imperceptible ; car, dans nos sociétés actuelles, les attaques contre les personnes, dictées directement par la haine et la brutalité, tendent à disparaître. Si l'on tue quelqu'un, aujourd'hui, c'est pour piller et rarement par vengeance personnelle. Et si ce genre de crimes et délits va toujours en diminuant, ce n'est certainement pas à la législation que nous le devons : c'est au développement humanitaire de nos sociétés, à nos habitudes de plus en plus sociables, et non pas aux prescriptions de nos lois. Qu'on abroge demain toutes les lois concernant la protection des personnes, qu'on cesse demain toute poursuite pour attentats contre les personnes, et le nombre d'attentats dictés par la vengeance personnelle ou par la brutalité n'augmentera pas d'un seul.

***

On nous objectera, peut-être, qu'on a fait depuis cinquante ans bon nombre de lois libérales. Mais qu'on analyse ces lois, et l'on verra que toutes ces lois libérales ne sont que l'abrogation de lois qui nous ont été léguées par la barbarie des siècles précédents. Toutes les lois libérales, tout le programme radical, se résument en ces mots : abolition de lois devenues gênantes pour la bourgeoisie elle-même, et retour aux libertés des communes du douzième siècle, étendues à tous les citoyens. L'abolition de la peine de mort, le jury pour tous les « crimes » (le jury, plus libéral qu'aujourd'hui, existait au douzième siècle), la magistrature élue, le droit de mise en accusation des fonctionnaires, l'abolition des armées permanentes, la liberté d'enseignement, etc., etc., tout cela qu'on nous dit être une invention du libéralisme moderne, n'est qu'un retour aux libertés qui existaient avant que l'Eglise et le Roi n'eussent étendu leur main sur toutes les manifestations de la vie humaine.

***

La protection de l'exploitation, directe par les lois sur la propriété, et indirecte par le maintien de l'Etat, — voilà donc l'essence et la matière de nos codes modernes et la préoccupation de nos engins coûteux de législation. Il est temps, cependant, de ne plus nous payer de phrases et de nous rendre compte de ce qu'ils sont en réalité. La loi que l'on présenta au début comme un recueil de coutumes utiles à la préservation de la société, n'est plus qu'un instrument pour le maintien de l'exploitation et la domination des riches oisifs sur les masses laborieuses. Sa mission civilisatrice est nulle aujourd'hui, elle n'a qu'une mission : le maintien de l'exploitation.

Voilà ce que nous dit l'histoire du développement de la Loi. Est-ce à ce titre que nous sommes appelés à la respecter ? Certainement non. Pas plus que le Capital, produit du brigandage, elle n'a droit à notre respect. Et le premier devoir des révolutionnaires du vingtième siècle sera de faire un autodafé de toutes les lois existantes, comme ils le feront des titres de propriété.

IV

Si on étudie les millions de lois qui régissent l'humanité, on s'aperçoit aisément qu'elles peuvent être subdivisées en trois grandes catégories : protection de la propriété, protection des personnes, protection du gouvernement. Et, en analysant ces trois catégories, on en arrive à l'égard de chacune d'elles à cette conclusion logique et nécessaire : *Inutilité et nuisibilité de la Loi.*

Pour la protection de la propriété, les socialistes savent ce qu'il en est. Les lois sur la propriété ne sont pas faites pour garantir à l'individu ou à la société la jouissance des produits de leur travail. Elles sont faites, au contraire, pour dérober au producteur une partie de ce qu'il produit et pour assurer à quelques-uns la part des produits qu'ils ont dérobés, soit aux producteurs, soit à la société entière. Lorsque la loi établit les droits de Monsieur un tel sur une maison, par exemple, elle établit son droit, non pas sur une cabane qu'il aurait bâtie lui-même, ou sur une cabane qu'il aurait élevée avec le secours de quelques amis. Elle établit, au contraire, ses droits sur une maison qui *n'est pas* le produit de son travail, d'abord, parce qu'il l'a fait bâtir par d'autres, auxquels il n'a pas payé toute la valeur de leur travail, et ensuite — parce que cette maison représente une valeur sociale qu'il n'a pu produire à lui seul : la loi établit ses droits sur une portion de ce qui appartient à tout le monde et à personne en particulier. La même maison, bâtie au milieu de la Sibérie, n'aurait pas la valeur qu'elle a dans une grande ville, et cette valeur-ci provient, — on le sait, — du travail de toute une cinquantaine de générations qui ont bâti la ville, qui l'ont embellie, pourvue d'eau et de gaz, de beaux boulevards, d'universités, de théâtres et de magasins, de chemins de fer et de routes rayonnant dans toutes les directions. En reconnaissant donc les droits de Monsieur un tel sur une maison à Paris, à Londres, à Rouen, la loi lui approprie — injustement — une certaine part des produits du travail de l'humanité entière. Et c'est précisément parce que cette appropriation est une injustice criante (toutes les autres formes de propriété ont le même caractère), qu'il a fallu tout un arsenal de lois et toute une armée de soldats, de policiers et de juges, pour la maintenir contre le bon sens et le sentiment de justice inhérent à l'humanité.

Eh bien, la moitié de nos lois, — les codes civils de tout pays, — n'ont d'autre but que celui de maintenir cette appropriation, ce monopole, au profit de quelques-uns, contre l'humanité entière. Les trois quarts des affaires jugées par les tribunaux ne sont que des querelles surgissant entre monopoleurs : deux voleurs se disputant le butin. Et une bonne partie de nos lois criminelles ont encore le même but, puisqu'elles ont pour objectif de maintenir l'ouvrier dans une position subordonnée à celle du patron, afin d'assurer à celui-ci l'exploitation de celui-là.

Quant à garantir au producteur les produits de son travail, il n'y a pas même de lois qui s'en chargent. Cela est si simple et si naturel, si bien dans les mœurs et dans les habitudes de l'humanité, que la Loi n'y a même pas songé. Le brigandage ouvert, les armes à la main, n'est plus de notre siècle; un travailleur ne vient jamais non plus disputer à un autre travailleur les produits de son travail; s'il y a malentendu entre eux, ils le vident sans avoir recours à la Loi, en s'adressant à un tiers, et si quelqu'un vient exiger d'un autre une certaine part de ce qu'il a produit, ce n'est que le propriétaire, venant prélever sa part de lion. Quant à l'humanité en général, elle respecte partout le droit de chacun sur ce qu'il a produit, sans qu'il y ait pour cela besoin de lois spéciales.

Toutes ces lois sur la propriété, qui font les gros volumes des codes et la joie de nos avocats, n'ayant ainsi d'autre but que celui de protéger l'appropriation injuste des produits du travail de l'humanité par cerpains monopoleurs, n'ont aucune raison d'être, et les socialistes-révolutionnaires sont bien décidés à les faire disparaître le jour de la Révolution. Nous pouvons, en effet, avec pleine justice, faire un autodafé complet de *toutes* les lois qui sont en rapport avec les ci-nommés « droits de propriété », de tous les titres de propriété, de toutes les archives, — bref, de tout ce qui a trait à cette institution, qui sera bientôt considérée comme tache humiliante dans l'histoire de l'humanité, au même titre que l'esclavage et le servage des siècles passés.

***

Ce que nous venons de dire sur les lois concernant la propriété s'applique complètement à cette seconde catégorie de lois, — les lois servant à maintenir le gouvernement, ou les lois constitutionnelles.

C'est encore tout un arsenal de lois, de décrets, d'ordonnances, d'avis, etc., servant à protéger les diverses formes de gouvernement représentatif (par délégation ou par usurpation), sous lesquelles se débattent encore les sociétés humaines. Nous savons fort bien, — les anarchistes l'ont assez souvent démontré par la critique qu'ils ont faite sans cesse des diverses formes de gouvernement, — que la mission de *tous* les gouvernements monarchiques, constitutionnels et républicains, est de protéger et de maintenir par la force les privilèges des classes possédantes : aristocratie, prêtraille et bourgeoisie. Un bon tiers de nos lois, — les lois « fondamentales », lois sur les impôts, sur les douanes, sur l'organisation des ministères et de leurs chancelleries, sur l'armée, la police, l'église, etc., — et il y en a bien quelques dizaines de mille dans chaque pays, — n'ont d'autre but que celui de maintenir, de rhabiller et de développer la machine gouvernementale, qui sert, à son tour, presque entièrement à protéger les privilèges des classes possédantes. Qu'on analyse toutes ces lois, qu'on les observe en action au jour le jour, et l'on s'apercevra qu'il n'y en a pas une seule bonne à conserver — en commençant par celles qui livrent les communes, pieds et mains liés, au curé, aux gros bourgeois de l'endroit et au sous-préfet, et en finissant par cette fameuse constitution (la dix-neuvième ou la vingtième depuis 1789), qui nous donne une Chambre de crétins et de boursicotiers préparant la dictature de quelque aventurier quelconque, si ce n'est le gouvernement d'une tête de chou couronnée.

Bref, à l'égard de ces lois, il ne peut y avoir de doute. Non seulement les anarchistes, mais aussi bien les bourgeois plus ou moins révolutionnaires, sont d'accord en ceci, que le seul usage que l'on puisse faire de toutes les lois concernant l'organisation du gouvernement, — c'est d'en allumer un feu de joie.

***

Reste la troisième catégorie de lois, la plus importante, puisque c'est à elle que s'attachent le plus de préjugés : les lois concernant la protection des personnes, la punition et la prévention des « crimes ». En effet, cette catégorie est la plus importante, parce que si la Loi jouit d'une certaine considération, c'est qu'on croit ce genre de lois absolument indispensables au maintien de la sécurité dans nos sociétés. Ce sont ces lois qui se sont développées du noyau de coutumes utiles aux sociétés humaines et qui furent exploitées par les dominateurs pour sanctifier leur domination. L'autorité des chefs de tribus, des familles riches dans les communes et du roi s'appuyait sur les fonctions de juges qu'ils exerçaient; et jusqu'à présent encore, chaque fois que l'on parle de la nécessité du gouvernement, c'est sa fonction de juge suprême que l'on sous-entend. — « Sans gouvernement, les hommes s'égorgeraient entre eux ! » dit le raisonneur de village. — « Le but final de tout gouvernement est de donner douze honnêtes jurés à chaque inculpé », — disait Burke.

Eh bien, malgré tous les préjugés existant à ce sujet, il est bien temps que les anarchistes disent hautement que cette catégorie de lois est aussi inutile et aussi nuisible que les précédentes.

D'abord, quant aux ci-nommés « crimes », aux attentats contre les personnes, il est connu que les deux tiers et souvent même les trois quarts de tous ces « crimes » sont inspirés par le désir de s'emparer des richesses appartenant à quelqu'un. Cette catégorie immense de ci-nommés « crimes et délits » disparaîtra le jour où la propriété privée cessera d'exister.

— « Mais, nous dira-t-on, il y aura toujours des brutes qui attenteront à la vie des citoyens, qui porteront un coup de couteau à chaque querelle, qui vengeront la moindre offense par un meurtre, s'il n'y a pas de lois pour les restreindre et des punitions pour les retenir ! » — Voilà le refrain qu'on nous chante dès que nous mettons en doute le droit de punir de la société.

Là-dessus il y a cependant une chose bien établie aujourd'hui : La sévérité des punitions ne diminue pas le nombre des « crimes ». Pendez, écartelez, si vous voulez, les assassins, le nombre des assassinats ne diminuera pas d'un seul. Par contre, abolissez la peine de mort, et il n'y aura pas un seul assassinat de plus. Les statisticiens et les légistes savent que jamais diminution de sévérité dans le code pénal n'amena une augmentation d'attentats contre la vie des citoyens. D'autre part, que la récolte soit bonne, que le pain soit bon marché, que le temps soit beau, — et le nombre des assassinats diminuera aussitôt. Il est prouvé par la statistique, que le nombre des crimes augmente et diminue toujours en proportion du prix des denrées et du beau ou mauvais temps. Non pas que tous les assassinats soient inspirés par la faim. Point du tout ; mais, lorsque la récolte est bonne et les denrées à un prix accessible, les hommes, plus gais, moins misérables que de coutume, ne se laissent pas aller aux sombres passions et ne vont pas plonger un couteau dans le sein d'un de leurs semblables pour des motifs futiles.

En outre, il est connu aussi que la peur de la punition n'a jamais arrêté un seul assassin. Celui qui va tuer son voisin par vengeance ou par misère ne raisonne pas trop sur les conséquences, et il n'y a pas d'assassin qui n'ait eu la ferme conviction d'échapper aux poursuites.

D'ailleurs, que chacun raisonne lui-même sur ce sujet, qu'il analyse les crimes et les peines, leurs motifs et leurs conséquences, et s'il sait raisonner sans se laisser influencer par les idées préconçues, il arrivera nécessairement à cette conclusion :

« Sans parler d'une société où l'homme recevra une meilleure éducation, où le développement de toutes ses facultés et la possibilité d'en jouir lui procurera tant de jouissances qu'il ne cherchera pas à les perdre par un assassinat, —sans parler de la société future, même dans notre société, même avec ces tristes produits de la misère que nous voyons aujourd'hui dans les cabarets des grandes cités, — le jour où *aucune punition* ne serait infligée aux assassins, le nombre des assassinats n'augmenterait pas d'un seul cas ; il est fort probable qu'il diminuerait au contraire de tous les cas qui sont dûs aujourd'hui aux récidivistes, abrutis dans les prisons. »

***

On nous parle toujours des bienfaits de la loi et des effets salutaires des peines, mais a-t-on jamais essayé de faire la balance entre ces bienfaits qu'on attribue à la loi et aux peines, et l'effet dégradant de ces peines sur l'humanité ? Qu'on fasse seulement l'addition de toutes les mauvaises passions réveillées dans l'humanité par les punitions atroces qu'on infligeait jadis dans nos rues ! Qui donc a choyé et développé les instincts de cruauté dans l'homme (instincts inconnus aux animaux, l'homme étant devenu l'animal le plus cruel de la terre), si ce n'est le roi, le juge et le prêtre armés de la loi, qui faisaient arracher la chair par lambeaux, verser de la poix brûlante dans les plaies, disloquer les membres, broyer les os, scier les hommes en deux, pour maintenir leur autorité ? Que l'on calcule seulement tout le torrent de dépravation versé dans les sociétés humaines par la délation, favorisée par les juges et payée par les écus sonnants du gouvernement, sous prétexte d'aider à la découverte des crimes. Que l'on aille en prison et que l'on étudie là ce que devient l'homme, privé de liberté, enfermé avec d'autres dépravés qui se pénètrent de toute la corruption et de tous les vices qui suintent de nos prisons actuelles ; et que l'on se souvienne seulement que plus on les réforme, plus détestables elles sont, tous nos pénitenciers modernes et modèles étant cent fois plus abominables que les donjons du moyen-âge. Que l'on considère enfin quelle corruption, quelle dépravation de l'esprit est maintenue dans l'humanité par cette idée d'*obéissance* — essence de la loi, — de châtiment, d'autorité ayant le droit de punir, de juger, en dehors de la conscience; par ces fonctions de bourreaux, de geôliers, de dénonciateurs, — bref, de tous ces attributs de la Loi et de l'Autorité. Que l'on considère tout cela, et on sera certainement d'accord avec nous, lorsque nous disons que la Loi et la pénalité sont des abominations qui doivent cesser d'exister.

D'ailleurs, les peuples non-policés et, partant moins imbus de préjugés autoritaires, ont parfaitement compris que celui que l'on nomme un « criminel », est tout bonnement un malheureux; qu'il ne s'agit pas de le fouetter, de l'enchaîner ou de le faire mourir sur l'échafaud ou en prison, mais qu'il faut le soulager par les soins les plus fraternels, par un traitement égalitaire, par la pratique de la vie entre honnêtes gens. Et nous espérons que dans la prochaine révolution éclatera ce cri :

« Brûlons les guillotines, démolissons les prisons, chassons le juge, le policier, le délateur — race immonde s'il en fût jamais sur la terre, — traitons en frère celui qui aura été porté par la passion à faire du mal à son semblable, par-dessus tout ôtons aux grands criminels, à ces produits ignobles de l'oisiveté bourgeoise, la possibilité d'étaler leurs vices sous des formes séduisantes; — et soyons sûrs que nous n'aurons plus que très peu de crimes à signaler dans notre société. Car ce qui maintient le crime (outre l'oisiveté), c'est la Loi et l'Autorité : la loi sur la propriété, la loi sur le gouvernement, la loi sur les peines et délits, et l'Autorité qui se charge de faire ces lois et de les appliquer. »

Plus de lois, plus de juges ! La Liberté, l'Egalité et la pratique de la Solidarité sont la seule digue efficace que nous puissions opposer aux instincts anti-sociables de certains d'entre nous.

Imp LA PRODUCTRICE (Ass. ouv.), 51, r. Saint-Sauveur. — Tél. 121.78 – 2.214

LECTURES POUR ENFANTS

Tous les livres de lecture pour enfants sont entachés de fausse morale religieuse ou bourgeoise. Nous avons cherché, dans la littérature de divers pays, les contes qui pouvaient amuser sans fausser l'esprit et, à cette heure, nous avons en vente trois volumes de contes choisis intitulés le **Coin des Enfants,** 1re, 2e et 3e séries, contenant des illustrations de Hermann-Paul, Kupka, Delannoy, Hénault, Iribe, Willaume, M. H. T. Delaw, et de Roëck.

Chaque volume : 3 francs

Les trois ensemble : 7 fr. 50

NOUS EN PRÉPARONS UNE 4e SÉRIE

BIBLIOTHÈQUE DOCUMENTAIRE

Tous ceux qui exècrent la GUERRE,
Tous ceux qui ont la haine du MILITARISME, **doivent lire :**

Guerre-Militarisme
Patriotisme-Colonisation

Recueils de tout ce que les écrivains les plus en vue, de toutes les époques, ont écrit contre la GUERRE et tous les maux qu'elle engendre.

Belle édition sur papier glacé, avec illustrations de Luce, Herman-Paul, Steinlen, etc., etc. Edité à **9 francs** l'exemplaire, nous laissons chaque volume à **6 francs** pour remplacer l'édition de propagande épuisée.

TERRE LIBRE

Par J. GRAVE. Illustrations de M. H. T.

Dans ce conte, écrit pour la « Escuela Moderna » de Ferrer, l'auteur a tenté de donner un aperçu de ce que pouvait être, dans une société égalitaire, l'organisation du travail.

Prix de l'exemplaire : 3 francs.

LES "TEMPS NOUVEAUX" Paraissant tous les 8 jours avec un Supplément littéraire.
10 *cent. le numéro. — Administration :* **4, rue Broca.**
Abonnement : France, un an, **6** fr. ; Extérieur, **8** fr.

EN VENTE AUX "TEMPS NOUVEAUX"

Aux Jeunes Gens, par Kropotkine, couverture de Roubille (*épuisé*)...... » 15
L'Education libertaire, par D. Nieuwenhuis, couverture de Hermann-Paul » 15
Le Machinisme, par J. Grave, couverture de Luce... » 15
Pages d'histoire socialiste, par W. Tcherkesoff... » 30
La Panacée-Révolution, par J. Grave, couverture de Mabel (*épuisé*)... » 15
A mon Frère le Paysan, par E. Reclus, couverture de Raieter... » 15
La Morale anarchiste, par Kropotkine, couverture de Rysselberghe... » 15
Déclarations d'Etiévant, couverture de Jehannet... » 15
La Colonisation, par J. Grave, couverture de Couturier... » 15
Entre Paysans, par E. Malatesta, couverture de Willaume... » 15
Patrie, Guerre et Caserne, par Ch. Albert, couverture d'Agard (*épuisé*).. » 15
L'Organisation de la Vindicte appelée Justice, par Kropotkine, couverture de J. Hénault... » 15
L'Anarchie et l'Eglise, par E. Reclus et Guyou, couv. de Daumont (*épuisé*). » 15
La Grève des Electeurs, par Mirbeau, couverture de Roubille... » 15
Organisation, Initiative, Cohésion, par J. Grave, couverture de Signac... » 15
Le Tréteau électoral, piécette en vers, par Léonard, couv. de Heidbrinck. » 15
L'Election du Maire, piécette en vers, par Léonard, couverture de Valloton. » 15
La Mano-Negra, couverture de Luce... » 15
La Responsabilité et la Solidarité dans la Lutte ouvrière, par Nettlau, couverture de Delannoy... » 15
Anarchie-Communisme, par Kropotkine, couverture de Lochard (*épuisé*). » 15
Si j'avais à parler aux Electeurs, par J. Grave, couvert. de Hermann-Paul » 10
La Mano-Negra et l'Opinion française, couverture de Hénault... » 10
La Mano-Negra, dessins de Hermann-Paul... » 40
Entretien d'un Philosophe avec la Maréchale, par Diderot, couverture de Grandjouan... » 15
L'Etat, son rôle historique, par Kropotkine, couverture de Steinlen... » 25
La Femme esclave, par Chaughi, couverture de Hermann-Paul... » 15
Vers la Russie libre, par Bullard, couverture de Grandjouan... » 45
Le Syndicalisme dans l'Evolution sociale, par J. Grave, couv. de Naudin. » 15
Les Habitations qui tuent, par Michel Petit, couverture de Frédéric Jacque. » 15
Le Salariat, par P. Kropotkine, couverture de Kupka... » 15
Evolution-Révolution, par E. Reclus, couverture de Steinlen (*épuisé*)... » 15
Les Incendiaires, par Vermesch, couverture de Hermann-Paul... » 15
La Vérité sur l'Affaire Ferrer, par Auguste Bertrand, couverture de Luce. » 10
Terre Libre, par J. Grave... 3 »
Patriotisme, Colonisation, illustré... 6 »
Les Prisons, par Kropotkine, couverture de Daumont... » 15
L'Enfer militaire, par A. Girard, couverture de Luce... » 20
Sur l'Individualisme, par Pierrot, couverture de Maurin... » 15
L'Entente pour l'Action, par J. Grave, couverture de Raieter... » 15
Quelques Vérités économiques, par Louis Blanc, couverture de Dissy... » 10
Une des Formes nouvelles de l'esprit politicien, par Jean Grave, couverture de Luce... » 15
Travail et Surmenage, par M. Pierrot... » 15
La Conquête des Pouvoirs Publics, par J. Grave, couverture de Luce. » 10
Le Parlementarisme contre l'action ouvrière, par Pierrot et Girard, couverture de Rodo Pissaro... » 15
La Royauté du Peuple souverain, par Proudhon, couverture de Raieter... » 10
Les Conditions du Travail dans la Société actuelle, par Simplice... » 10
L'Evangile de l'Heure, par Berthelot, couverture de Jehannet... » 15
Travail de l'Enfance dans les Verreries, par Delzant, dessin Grandjouan. » 15
Les Trois Complices (prêtre, juge, soldat), par R. Chaughi, dessin Raieter. » 15
La Guerre, par Pierre Kropotkine, couverture de Steinlen... » 15
Contre la loi Millerand, par F. Delaisi, couverture illustrée... » 15
L'Hygiène des Nourrissons, par M. Petit... » 15
A bas les Chefs, par Déjacques... » 15
Les Scientifiques, par Jean Grave... » 10
La Loi et l'Autorité, par Kropotkine... » 15

www.ingramcontent.com/pod-product-compliance
Ingram Content Group UK Ltd.
Pitfield, Milton Keynes, MK11 3LW, UK
UKHW022205190726
13855UKWH00004B/1628

9 782013 402811